Y↑ axis

MÉMOIRE

A CONSULTER

POUR les Souscripteurs du Journal de Théâtre, rédigé par le Sieur LE FUEL DE MERICOURT.

A LIEGE,

Chez P. F. BOUBERS, Imprimeur-Libraire.

M. D. CC. LXXVII.

MÉMOIRE

A CONSULTER

POUR les Souſcripteurs du Journal de Théâtre, rédigé par le Sieur LE FUEL DE MERICOURT.

LORSQU'EN FRANCE différens Citoyens ont, avec l'approbation du Gouvernement, ſouſcrit pour un ouvrage, ne peuvent-ils pas forcer celui qui a reçu leur argent à remplir ſa promeſſe en donnant cet Ouvrage ?

Afin de mettre le Conſeil en état de réſoudre cette queſtion, ſi cela peut en faire une, on va l'inſtruire du fait particulier dont il s'agit ; c'eſt-à-dire, qu'on va mettre ſous ſes yeux pluſieurs lettres miſſives du ſieur le Fuel de Mericourt, qui contiennent dans un très-grand détail, l'hiſtorique de ſes retards ou peut-être de ſes ſubterfuges.

Il eſt queſtion du Journal de Théâtre.

A

Les Soufcripteurs de ce Journal furpris de ne point recevoir les N°s 11, 12, 13 &c, ont écrit à l'Auteur, pour favoir de lui, les motifs de fon filence. D'abord il répondit que *fa maladie en étoit caufe*; ce qui fut annoncé dans quelques papiers publics, & fembla une raifon fuffifante aux perfonnes qui avoient foufcrit fur le nom feul de l'Auteur. (1). Quelque tems après ils reçurent quatre cahiers. Depuis le quatorzieme il n'en a paru aucun. Plus furpris qu'auparavant, les Soufcripteurs s'adreflerent encore à lui. Voici la réponfe qu'il leur fit. Elle eft datée du 12 Novembre 1776.

Si mon Journal eft retardé, Monfieur, ce n'eft ni ma faute, ni celle de mon Libraire. Etant dans mon lit fort malade, je reçus plufieurs lettres de M. Coqueley de Chauflepierre, mon Cenfeur. Elles exigeoient des réponfes. Je les fis ; mais peut-être avec trop de franchife. Je ne chercherai point à pénétrer les raifons qui l'engagerent à défendre d'imprimer vingt-cinq ou trente pages qu'il avoit approuvées (2). Cette chicanne, qui ne m'étonna point, devoit retarder mon Journal néceflairement. Je me contentai de lui reprocher, par une lettre, fes mauvais procédés à mon égard, & fur-tout d'avoir été à mon infçu chez mon Imprimeur lui faire une défenfe qui ne regardoit que moi. Je pris la liberté de lui remontrer ce qu'il fembloit oublier, fes devoirs.

(1) Il y a eu affignation donnée au fieur le Fuel de Mericourt, le 11 Février 1777.

(2) Le fieur Gueffier, Imprimeur, peut & doit l'attefter.

3

Ce fut encore à mon Imprimeur qu'il s'adreſſa pour répondre : *Qu'il vouloit être déshonoré, ſi jamais il approuvoit une ligne de moi ; & que je pouvois m'adreſſer à M. Camus de Névile (c'eſt le Directeur de la Librairie) auquel il avoit envoyé & mes épreuves & ma lettre impertinente.*

M. Camus, que j'allai voir, me répondit qu'*il verroit çà.* Il me fit un grand crime d'*avoir de la ſorte écrit & manqué à l'un de ſes Cenſeurs.* Je vous avouerai que je ne crains pas moins le Cenſeur que le Directeur ; mais j'eſpere en la juſtice du Magiſtrat qui préſide à la Librairie. Je ne tarderai ſûrement pas à ſavoir mon arrêt. J'aurai l'honneur de vous en faire part.

J'ai celui d'être, &c.

Signé, LE FUEL DE MERICOURT.

D'après cette lettre, dont les copies ont été multipliées, les Souſcripteurs s'attendoient de jour en jour à recevoir le Journal. Ils s'y attendoient vainement. Il n'en vint point. On récrivit au ſieur de Mericourt, qui fit la réponſe ſuivante le 17 Décembre 1776.

Ma foi, Monſieur, je vais vous parler vrai. Je crois qu'on ne me redonnera pas de Cenſeur, ſi cela dépend du Directeur de la Librairie ; car je ne puis approcher de lui, & il ne daigne faire aucune réponſe aux lettres & aux mémoires que je ne ceſſe de lui adreſſer. Je vais vous rapporter ce qu'il a dit de moi à

un homme de fa connoiffance (1) , qui le prioit de s'in-
térefſer en ma faveur.

Ici fe trouvent de prétendus propos qu'il eft
évident que M. de Nevile n'a pas tenus. Ils fe-
roient déplacés dans la bouche de tout le monde, & à plus forte raifon dans la fienne.

On eut beau lui repréfenter (à M. de Névile) que
j'avois créé ce Journal ; que j'avois acheté & payé
cherement le privilege ; que j'avois beaucoup dé-
penfé à monter la machine, à établir mes corref-
pondances , & qu'il feroit malheureux pour moi d'en
être privé. Six mois après, & fur tout dans un inf-
tant où j'étois accablé de dettes occafionnées par une
longue maladie & par plus de 16000 livres de ban-
queroute.

M. Camus répondit , que *fi j'étois docile, il m'ac-
corderoit peut-être bien une penfion de 600 liv. pour me
faire vivre, & qu'il feroit beaucoup de grace à un homme dont tout le monde fe plaignoit, jufqu'à M. le Lieu-
tenant général de Police.*

Un de mes amis , qui m'a fecouru plufieurs fois de
fon crédit , de fes confeils & de fa bourfe, fut à ma
follicitation demander à M. le Noir en quoi j'avois
eu le malheur de lui déplaire. Rien ne m'a jamais fa-
tisfait davantage que la réponfe de ce Magiftrat, fi

---

(1) C'eft le fieur *de la Salle* , ancien Marchand de Rouen ,
lié par le commerce avec M. *Camus* , pere de M. *de Nevile* ,
Marchand de Drap à Louviers ; & fur tout avec Madame
Charles , auffi Marchande , qui l'avoit chargé d'une lettre
pour moi , adreffée à fon petit-fils M. *de Nevile.*

juſtement chéri, eſtimé & regretté dans la Librairie.

On a tort d'imputer ces propos à M. de Nevile Ils ne ſont pas vrais. J'ai toutes ſortes de raiſons d'eſtimer M. de Méricourt. Il a du mérite, il eſt honnête & malheureux ; qu'il s'adreſſe à moi, je l'obligerai de tout mon pouvoir. Je ſais que M. de Crébillon, qui eſt mon ami, en fait un cas tout particulier. Si j'ai lieu de me plaindre de M. de Méricourt, c'eſt de ce qu'il ne vient pas me voir.

Vous le voyez, Monſieur, il eſt des Miniſtres vertueux, & je ne puis imaginer que M. le Garde des Sceaux, à moins qu'on ne ſurprenne ſa religion, me dépouille d'un Journal que j'ai acquis avec ſon agrément. Ainſi, Monſieur, je me flatte que je me montrerai au Public le premier Janvier, & que je le dédommagerai, ſi non par *l'élégance & le goût* tant vantés d'un Académicien, garçon Journaliſte, qui vient de faire contre moi une ſi belle diatribe dans ſon Journal, appellé *de Politique & de Litterature,* du moins je le dédommagerai par la franchiſe avec laquelle je parlerai toujours.

J'ai l'honneur d'être, &c.

Signé, LE FUEL DE MERICOURT.

Cette réponſe arriva lorſque le bruit courut que M. de Mericourt avoit traité de ſon privilege ; les Souſcripteurs le lui marquerent. Il ſe juſtifia de la maniere ſuivante.

Il n'eſt point vrai, Monſieur, que j'aie vendu mon Privilege. Je ne l'aurois pas fait ſans l'agrément

de M. le Garde des Sceaux & fans le confente-
ment de mes Soufcripteurs. Plufieurs Compagnies, il
eft vrai, fe font préfentées ; à la tête de la premiere ,
étoit le fieur Chevalier, dit *du Coudrai*, ayant pour
Affocié fon Beau-Pere, fort bon Marchand de fer &
qui devoit fe charger de tout. La feconde, compofée
des fieurs de la Harpe, Murville, &c.

J'ai eu le plaifir de connoître leurs intentions
& leurs projets ; mais j'ai toujours refufé de traiter.
Le fieur Chevalier, croyant acquérir plus aifément
mon Privilege, demanda l'agrément au Directeur de
la Librairie. Celui-ci fans autre information, me fit
un crime capital d'avoir voulu vendre ce que j'avois
acheté. Je ne m'attends pas d'après cela & d'autres
chofes, à trouver grace auprès de lui. Je ferois très-
indifcret de dire pourquoi. En tout cas, je me ré-
figne. Tout ce dont je fuis fâché, c'eft d'entendre
crier la plupart de mes Soufcripteurs & d'avoir les
menottes. On me propofe bien des facilités, mais
quoique je fois *Philofophe*, je me ferai toujours un
devoir de fuivre les Loix établies, & de ne jamais
rien faire imprimer fans l'approbation d'un Cenfeur
quelconque.

Ne croyez pas, Monfieur, un mot de tout ce
qu'on dit. Je ne quitterai jamais volontiers mon
Journal, & fi l'on commettoit une injuftice à mon
égard, je ne cefferai de reclamer jufquà extinction
à l'appui, ces même Loix, dont je fuis le fidele
obfervateur.

J'ai l'honneur d'être, &c.

Signé, LE FUEL DE MERICOURT.

Ce 23 *Décembre* 1776.

Cette derniere lettre raſſura quelques Souſcripteurs ; d'autres ſe plaignirent hautement. Ceux-ci reçurent la lettre ſuivante, datée du 10 Janvier dernier.

Vous croyez, Meſſieurs, avoir beaucoup à vous plaindre de moi. J'ai beaucoup plus à me plaindre de vous. Si mon Journal ne paroît pas, ce n'eſt point *excroquerie* ni *pareſſe* de ma part. Quand j'ai propoſé mon Ouvrage par ſouſcription, j'y étois autoriſé par un privilege du Roi, & mon acte de ſouſcription appellé *Proſpectus*, étoit revêtu de l'approbation du Cenſeur & de la ſignature du Magiſtrat de la Police, qui réuniſſoit alors à cette partie, la direction de la Librairie. On a délivré à chaque Souſcripteur, une quittance en mon nom. Me voilà donc chargé d'une dette envers le Public, qui a pour garant le Miniſtere. Y a t-il dans une marche pareille la moindre apparence d'*excroquerie* ? J'ai été dangéreuſement malade, cela n'a pas encore empêché mon Journal de paroître ; & ce qui l'en empéche aujourd'hui, c'eſt que mon Cenſeur eſt parvenu à ſes fins. Il refuſe de l'approuver, & M. Camus refuſe également de me donner un autre Cenſeur. Je découvre mille choſes, qui ſont des myſteres pour le Public ; mais ſi l'on eſt injuſte envers moi, je ferai juſtice en les dévoilant. Le Directeur de la Librairie m'a accuſé d'être *méchant*. Moi, méchant ! quelle ironie ! Néanmoins j'ai ſérieuſement répondu.

Depuis que mon Journal exiſte, je ſuis malade. J'avois des coopérateurs, & ce qui me tranquiliſoit ſur leur compte, c'eſt qu'il ne s'eſt pas imprimé un ſeul mot ſans l'approbation du Cenſeur. Laiſfez moi continuer mon Journal à préſent que je me porte mieux , & je me rendrai reſponſable de tout ce qu'il contiendra , même d'après l'approbation d'un de vos Cenſeurs.

A quoi M. Camus a répondu *qu'il verroit çà*. Il y a mieux ; j'ai ajouté : Laiſſez-moi rendre à mes Souſcripteurs les dix numéros que je leur dois , quelques-uns ſont imprimés & tous ſont compoſés. Si l'on s'en plaint juſtement , M. le Garde des Sceaux m'empêchera d'ouvrir une ſeconde Souſcription.

M. Camus a encore répliqué *qu'il verroit çà* ... *Lundi prochain.*

Dès-lors , Meſſieurs , voyez-vous que ce ſoit *pareſſe* de ma part ? Vous' m'obligerez infiniment de ne plus faire retentir les caffés de ſemblables propos. Informez vous à M. Camus de ce que j'avance , il ne pourra le nier ; cependant je prévois que l'intrigue dans laquelle il m'enveloppe eſt encore bien éloignée du dénouement. Il ne jure que par mon Cenſeur , mon Cenſeur eſt le conſeil , l'émule , l'ami des Comédiens & ſur-tout du ſieur Préville. (1). Le ſieur Préville a pluſieurs Niéces à marier , un commis des fermes nommé le Vacher , lui a promis d'en épouſer une , s'il obtenoit mon Privilége. *Vous l'aurez mon ami ; Tenez , voici Coqueley qui vous en répondra.*

Jugez s'ils doivent tous travailler à s'en emparer. M. Coqueley a toujours réuſſi , il réuſſira , & le Privilége du Journal de Théâtre ſera la dot de la

---

(1) Quoique Me Coqueley n'ait jamais joué que des farces, des parades & des proverbes, les Comédiens veulent cependant bien lui faire l'honneur de le tutoyer & de le traiter en camarade.

Niece d'un Comédien. Cela vous paroîtra incroyable ; eh bien c'est la seule chose que j'aie vraiment à craindre.

Je suis perdu, dès que l'amour s'en mêle.

Soyez toujours persuadé, Monsieur, que je ne négligerai rien de ce qui pourra satisfaire mes Souscripteurs.

J'ai l'honneur d'être, &c.

Signé, LE FUEL DE MERICOURT.

A peine les Abonnés avoient reçu une copie de cette lettre, qu'il se répandit un bruit nouveau sur lequel ils se déterminerent à écrire ce qui suit au sieur le Fuel de Mericourt.

On vous accuse publiquement, Monsieur, d'avoir fait l'acquisition du Privilége de votre Journal & de n'avoir pas rempli vos engagemens. L'ancien propriétaire, nommé le Prevôt d'Exmes, s'en est, dit-on, expliqué de la sorte à M. Camus de Nevile qui lui a promis de le faire rentrer dans ses droits. Si vous ne terminez promptement cette affaire & si vous ne nous envoyez la continuation du Journal pour lequel nous avons souscrit, nous vous prévenons que nous porterons des plaintes contre vous. Nous espérons que vous nous ferez une prompte réponse.

Reponse du sieur le Fuel de Mericourt.

Au reçu de votre Lettre, MM. je fus hier ma-

tin me préſenter chez M. Camus ; qui , après m'a-
voir fait attendre deux heures , me donna enfin
audience & me reçut on ne peut pas plus mal. Il
me reprocha mes *indignes procédés* à l'égard du ſieur
Prevôt. Je lui montrai l'acte de conceſſion , la quittance & pluſieurs autres écrits de cet homme qui
prouvoient inconteſtablement que mon acquiſition
étoit légalement faite & que je l'avois exactement
payé. M. Camus parut s'adoucir en voyant mes ti-
tres en regles : il me dit pourtant d'un ton pré-
cieux & fâché : *Revenez ... ce ... ſoir .... ſur
les .... ſix heures.*

Ce jour là je dînai dans le quartier chez un de
mes amis , (car il m'en reſte encore). Il m'apprit
que ſon Perruquier , qui étant celui du ſieur le Vacher , lui avoit dit que ſa pratique avoit mon Journal. J'affirmai le contraire & on me crut auſſi ai-
ſément qu'un garçon perruquier. Cela cependant me
donna à rêver. Je fus à l'Opera , j'y rencontrai
M. Cail * * * avec lequel j'ai l'honneur d'être lié.
En m'abordant , il me dit que tous les honnêtes
gens étoient furieux de l'injuſtice que M. Camus
venoit de commettre à mon égard — Eh , mon ami ,
quelle injuſtice ? — D'avoir ôté de vos mains le Journal de Théâtre pour le donner à le Vacher. — Cela
n'eſt pas. — Oh ! je vous aſſure que ſi ; il a même
eu l'honneur d'être préſenté hier par un Intendant
des Menus , à la troupe des Comédiens , comme
Auteur du Journal de Théâtre. — Etes-vous ſûre
de cela ? Si ſûre , qu'aujourd'hui il m'a dit lui-
même en être le Propriétaire , d'après l'acquiſition
qu'il en avoit faite du ſieur Prevôt, de l'agrément
de M. Camus. Il m'a même ajouté qu'il avoit ce
ſoir rendez-vous chez ce dernier pour terminer

l'affaire. Je quittai M. Cail * * * en lui difant que j'avois auffi rendez-vous, & que je partais pour avoir les devants.

Me voilà chez le Directeur de la Librairie & de la *Littérature.* Son Secretaire m'appercevant me dit que j'allois me trouver avec le fieur Prévôt qui arriva fur le champ fuivi du fieur le Vacher & d'un Chevalier de Saint-Louis, qu'ils appellerent M. le Marquis d'Uffon. Qui fut furpris de me trouver-là? je n'ai pas befoin de le dire. M. le Marquis fut appellé le premier. Une demi-heure après, le fieur Prévôt & moi fûmes mandés, & nous comparûmes. M. Camus fit d'abord parler le fieur Prévôt, qui avoit M. le Marquis pour interprête. On lui demanda quelles étoient les plaintes qu'il avoit à former contre moi. Je me garderai bien de vous rapporter fa harangue mot pour mot ; En voici le fens :

J'ai créé le Journal des Spectacles , M. de Mericourt follicitant un privilege pour cet objet , & ne pouvant l'obtenir , s'adreffa à moi pour avoir le mien. Je le lui cédai , moyennant 3 liv. par foufcription , que je me réfervai , & M. de Méricourt devoit difpofer à fa volonté de cent foufcriptions , ou plutot de cent exemplaires par chaque Journal. Enfuite il me propofa de faire un autre arrangement qui annuleroit le premier. J'eus l'imbécillité de le faire , & même il m'y força , & par ce fecond acte , il devoit me faire 600 liv. de rente viagere , dont il devoit me payer la première année d'avance , & il ne m'a donné que des billets. Il n'eft pas de mauvais procédés que Monfieur n'ait eu pour moi.

« Repondez à çà , me dit M. Camus ». Je repondis :

Il parut en 1770 , un cahier du Journal , que vous dites avoir créé. Il ne s'en eft pas vendu un feul exemplaire ; ce qui vous effraya tellement que vous quittâtes la plume pour ne la reprendre qu'en 1775. Alors vous donnâtes quatre cahiers, qu'une femme respectable qui vous a nourri, a été obligée de vendre à la livre. Vous en devez encore les frais d'impreſſion, de papier, de brochage, &c. Vous aviez cinq Souſcripteurs, lorſque vous m'avez vendu le Privilege de ce Journal, que vous avez ſi bien créé.

Par le premier Acte, je devois, il eſt vrai, vous donner 3 liv. par souſcription, mais comme vous auriez pu croire que l'on vous tromperoit en vous cachant le nombre des Abonnés, je vous propoſai une rente viagere de 600 liv. que vous acceptâtes à condition que, je payerois les années ſuivantes, 12 à 1500 liv., qui ſont dus au ſieur Pierre, votre Imprimeur; & 350 liv. de nourriture, que vous devez à la Dame veuve Poiſſenot, & dont j'ai déjà payé 100 liv., ainſi que pareille ſomme que j'ai également payé au ſieur Delormel, qui vous avoit imprimé une brochure.

J'acquieſçai à toutes ces conditions, parce qu'il n'étoit jamais entré dans mon imagination, qu'on put vous rendre ce Privilege, dès que je vous l'aurois payé. Vous redigeâtes les articles chez vous, enſorte que l'Acte de conceſſion eſt double & fait de votre main ; celui des conditions particulieres eſt de même double & fait de votre main. Où donc eſt la contrainte ? Où eſt votre imbécillité ? Je vous remis 300 liv. comptant, & 300 liv. en billets. Vous m'en fîtes votre quittance que voilà. N'ai-je pas payé vos billets ? Vous dois-je à préſent quelque choſe ? Que demandez vous ? Vous m'accuſez de mauvais procédés, malheureux ! l'habit uſé que vous portez, je vous l'ai donné neuf & complet ; & c'eſt chez moi, en ſortant de ma table, que je vous en ai revêtu, tandis que l'on jettoit vos guenilles dans la rue.

Je ne vous dirai pas que M. le Marquis, qui connoît moins les détails de cette affaire que moi ceux de sa manufacture, m'interrompoit sans cesse ; mais au mot de *guenilles*, M. Camus m'imposa silence ; & prenant alors un ton convenable à un Magistrat, il demanda au sieur Prévôt si j'avois payé mes billets ; il répondit que *oui*.

Votre *oui*, continuai-je, devroit me justifier ; mais je suis ici seul contre trois, sans compter ceux qui ne paroissent pas sur la scène. Il y a là-dedans, de l'autre côté, un M. le Vacher à qui l'on a donné, *sans aucun droit*, mon Journal ; il s'en est vanté par tout, aux fermes, à la comédie & ailleurs. Si M. Prévôt est en droit de revendre, quoique payé, le même objet, (ce que je ne crois pas à moins qu'on ne fasse de nouvelles loix), je demande la préférence ; & supposé qu'on soit assez puissant & assez injuste pour m'ôter mon bien, il existe entre le Prévôt & moi, des actes doubles dont je me ferai décharger en invoquant la Justice & dont je ne veux pas demeurer garant.

La-dessus, on me congédia, en me disant que l'on en conféreroit avec M. le Garde des Sceaux.

Voilà, Messieurs, des détails longs & sur-tout ennuyeux, mais je les crois nécessaires à ma justification.

J'ai l'honneur d'être, &c.

Signé, LE FUEL DE MERICOURT.

Ce 31 *Janvier* 1777.

Ces différentes lettres, du sieur le Fuel de

Méricourt, que les Abonnés à fon Journal ont raffemblées, préfentent un expofé d'autant plus certain qu'il eft émané de lui.

Or, que doivent faire les Soufcripteurs en pareille occurrence ?

De quelle nature font les droits exprimés dans la reconnoiffance de la foufcription qu'ils ont reçue de lui ?

Peuvent-ils s'en rapporter à fes affertions relativement aux obftacles qu'il prétend rencontrer dans les Bureaux du Directeur de la Librairie ?

Le fieur le Fuel de Méricourt peut-il fe difpenfer de tenir lui-même fes engagemens ?

Et enfin, quelle route faudra-t-il tenir pour le forcer à les remplir, s'il s'obftine à s'y refufer ?

Le Chevalier de RUTLIDGE *, de la* CHEVALERIE *,* FLAMICHON *,* MARILLIER*,* MORIN*,* DUFLEZ*,* HEBERT*.*

CONSULTATION.

LE CONSEIL fouffigné, qui a pris lecture du Mémoire ci-deffus, & qui a vu les reconnoif-fances d'abonnement au Journal de Théâtre, fi-gnées du fieur de Mericourt, eftime : Sur le pre-mier Chef; que l'obligation du fieur de Meri-court, envers fes Soufcripteurs, doit être mife au nombre de ces Contracts, que les Jurifconfultes ont appellés *innominati*, innommés, & qu'ils ont rangés fous quatre claffes, *do ut des ; do ut facias ; facio ut des ; facio ut facias*. Celui-ci, eft fans contredit, de la feconde efpece ; » je donne pour que vous faffiez » , *do ut facias*. De tous les tems, ces fortes d'engagemens , quand ils n'ont eu pour but, que des objets honnêtes & licites, ont été très-refpectés, les Loix ainfi que les Magiftrats, ont toujours veilé avec le plus grand foin à ce qu'ils fuffent ponctuellement accomplis. Tenir fes promeffes & fur-tout celles pour lefquelles on a déja reçu le prix de fon la-beur, eft un des fondemens de la Société humai-ne, difent les Légiflateurs : *Nihil ita fidei con-gruit humanæ quam ea quæ placuerunt cuftodiri.* Cod. Lib. 11. L. 20. Tit. 4.

Mais peut-on placer parmi » les accords con-» traires aux loix, aux conftitutions, ou aux bonnes

» mœurs, lefquels, n'ont avec juftice aucune
» confiftance », celui du fieur de Mericourt?
(a) Non fans doute, fon but eft d'inftruire le
Lecteur, & de l'amufer par des détails piquants
fur les Spectacles, qui intéreffent peut-être trop
généralement la Société. Ce deffein n'a rien
que de très-honnête. Il eft d'ailleurs autorifé par
le Gouvernement, qui a approuvé fon *Profpectus*,
& permis pendant plufieurs mois, la diftribution
de fes feuilles, fous la fignature d'un Cenfeur
nommé *ex profeffo*. Il n'a conféquemment encore rien que très-licite. Le droit & l'équité réu-
nis, ordonnent donc impérativement que cet ac-
cord foit exécuté· *Pacta... fervari opportere
tam juris quam ipfius rei æquitas poftulat.* L. 12.
Cod. *de pactis.*

Afin de mieux éclaircir la difcuffion du fecond Chef, il ne fera pas inutile de jetter en
avant quelques confidérations légeres fur les di-
vers points hiftoriques, dont il faut apprécier le
degré de certitude.

Il eft fur-tout beaucoup queftion ici de Cenfeur & de Privilege. Or qu'eft-ce qu'un Cenfeur.

C'eft un homme de Lettres chargé par le
Prince, d'examiner fi l'Ouvrage qu'on veut im-

(a) *Pacta quæ contra Leges, conftitutionefque vel contra bonos
mores fiunt, nullam fim habere indubitati juris eft.* Anton. 4.
ult. Cod. DE PACTIS.

primer

primer ne renferme rien de contraire à la Religion, aux Mœurs & à l'Etat.

Ce fut d'abord la Sorbonne, que l'examen des Livres regarda. Même un Arrêt du Parlement de 1523, fit défenfe d'expofer publiquement en vente, aucun écrit fur les matieres de foi, qui ne fut examiné par la Faculté de Théologie. Ainfi, c'étoit aux Livres, que regardoient la Religion, que fe bornoit la cenfure. Chaque Docteur paroiffoit pouvoir approuver les Ouvrages qu'on lui préfentoit, & le Corps exerçoit une Police rigoureufe fur les membres qui s'écartoient de leur devoir, témoin ce qui arriva à Alexandre Soto, & à Julien le Gendre, pour avoir approuvé un Livre intitulé *de Vocatione Magorum.* Ils furent fufpendus pendant fix mois, & défenfes leur furent faites d'approuver aucun Livre de quatre ans.

Sous Charles IX, on choifit par des Lettres-Patentes, quatre Sorboniftes pour remplir les fonctions de Cenfeurs. Elles exciterent tant de réclamations qu'on ne les exécuta pas.

En 1623, deux Docteurs, Richer & Duval, ayant fur la queftion de l'infaillibilité du Pape, divifé la Faculté en Richeriftes & Duvaliftes, le fecond trouva le moyen de faire renouveller en fa faveur, les Lettres-Patentes de Charles IX. Il fe fit nommer, lui & trois de fes amis, à la cenfure exclufive avec une penfion de 2000

liv. mais les murmures , les plaintes, les cris de
ſes confreres , lui cauſerent tant de déſagré-
ment , que n'y pouvant plus tenir , il ſe déſiſta
après trois ans , ainſi que ſes Coopérateurs , de
l'emploi & même de la penſion.

Les fameuſes diſputes ſur la grace , firent
rétablir cet arrangement. On nomma quatre Cenſeurs, dont deux abdiquerent. Les deux autres con-
tinuerent de cenſurer. Ils eſſuyerent beaucoup de
ſarcaſmes , & beaucoup de reproches, dont quelques-uns étoient fondés , comme par exemple ,
celui qu'on fit à Claude Morel , l'un d'eux , d'a-
voir dit : de la traduction de l'Alcoran , ou du Ko-
ran : *Qu'il n'avoit rien trouvé dans cet Ouvrage*
de contraire à la Foi Catholique & aux bonnes
mœurs. V. *Diſquis. Hiſtoric. de approbationibus*
Librorum , pag. 102.

Toutes ces altercations théologiques , déterminerent M. le Chancelier Séguier , à choiſir
des Cenſeurs ailleurs , que dans la Faculté. Il
ſoumit en même-temps à la Cenſure , les Ouvrages de Littérature , qui, juſques-là , en avoient
été exempts. L'Abbé Desfontaine , rapporte dans
ſes Obſervations, Lettre 311 , que le Dictionnaire
des Précieuſes de Somaiſe , imprimé en 1661 , eſt
peut-être , le premier Livre de ce genre , *que le*
Chef de la Juſtice , ait fait approuver , avant que
d'en permettre l'impreſſion. Ce fut M. de Baleſ-
dens de l'Académie Françoiſe , qui fut commis à
ce ſoin.

Depuis ce tems, le nombre des Ecrivains s'é-
tant augmenté, on a pareillement augmenté celui
des Cenfeurs, qui, pris dans la claffe des Sa-
vans, & des Gens de Lettres, fe chargent
d'examiner les Ouvrages de leur genre d'étude;
ce qui eft auffi fage que néceffaire. Ils font con-
nus, & leurs noms, compofent un tableau, imprimé dans l'Almanach Royal.

En ouvrant cet Almanach, on trouve au rang
des Cenfeurs à l'Article *Jurifprudence*, Mᵉ. Coqueley de Chauffepierre. Il y a fi peu d'analogie
entre les Jeux de la Scene & la gravité du Bar-
reau, qu'il y a la plus grande apparence, que
dans le fait, Mᵉ Coqueley, n'a pas cenfuré le
Journal de Théâtre.

Et cette conjecture fe fortifie bien davantage,
quand on fait que ce Jurifconfulte, eft en même-
temps le Confeil de la Comédie Françoife. Comment dès lors foupçonner, qu'inftruit des maximes
confacrées par la Jurifprudence de tous les tems
& de tous les lieux, un Avocat, qui fait que le
dévouement aux intérêts de fes cliens, l'identifie
à eux, pour ainfi dire, comment, dis-je, foupçonner qu'il puiffe fe charger d'une fonction,
qui demande la plus exacte impartialité, & dans
l'exercice de laquelle il eft éternellement obligé
de prononcer entre fes Cliens & l'Ecrivain?

Fut-il sûre que fa main tiendra la balance dans
un jufte équilibre, il doit lui fuffire qu'il fe trou-

ve matiere au doute le plus léger, pour la re-
mettre en d'autres mains. Concluons donc hardi-
ment, que Mc Coqueley n'eſt pas le Cenſeur du
Journal du ſieur de Mericourt ; à moins cependant, que vaincu par les inſtances de l'Auteur,
il n'ait bien voulu ſacrifier une répugnance invinci-
ble en toute autre occaſion, pour fournir à celui-
ci, des prétextes plauſibles de difficultés qu'on
n'auroit pu croire ſans cette circonſtance.

De ce moment, s'il eſt vrai que le ſieur de
Méricourt ne ſeroit pas tenu des empêchemens
provenans d'une force majeure, que nous ap-
pellons, Cas fortuits, *Caſus fortuitos*, dont
perſonne n'eſt garant, *quos nemo præſtat* ; il eſt
vrai auſſi que ceux dont il argumente, par rap-
port au Cenſeur, étant d'une exiſtence plus que
douteuſe ou tout au moins colluſoire, ne peuvent ni ne doivent le ſouſtraire à l'accompliſſe-
ment de l'obligation qu'il s'eſt librement impo-
ſée envers ſes Souſcripteurs.

Voyons maintenant ſi ledit ſieur de Méricourt
eſt plus heureux du côté du Privilege ?

Que ſignifie ce mot *privilege* ? Diſtinction,
avantage particulier, dont une eſpece jouit dans
un genre, ou un individu dans une eſpece.

Ces diſtinctions ou privileges ſont de deux ſortes, *naturels* ou *concédés*. Ainſi, entre les ani-
maux, l'homme jouit du *privilege naturel* de la
raiſon ; entre les hommes, le Français jouit du

privilege de Citoyen du Royaume ; parmi les Français, le Noble jouit du *privilege concédé de la Noblesse.*

Il eſt clair que les privileges naturels ne peuvent ſe concéder.

Il eſt clair que les Loix ſeules peuvent reſtreindre les privileges qu'elles concédent.

On ne peut donner à perſonne le privilege de la jeuneſſe, de la force ou de la ſanté.

On ne peut donner à perſonne le privilege de penſer, de parler ou d'écrire raiſonnablement.

Seulement les Loix prudentes ont réglé l'uſage, que chaque individu pourroit faire de ſes privileges naturels.

Envain la Beauté excite les deſirs; les Loix ont fixé les ſacrifices que lui doit celui qu'elle enflâme. Elles déſignoient à Milon les objets ſur leſquels il pouvoit exercer ſa robuſte complexion ; par elles on l'admiroit, on ne le craignoit pas. De même le Génie eſt ſoumis à leur empire ; elles lui indiquent ſon ſujet, dirigent ſa marche & préviennent ſes écarts.

Mais quand elles ſont ſatisfaites ces Loix, quand l'individu, doué de quelque avantage, ſe renferme dans les limites qu'elles ont poſées, loin de l'empêcher de jouir de ſon avantage, elles le protegent en lui en maintenant la poſſeſſion.

Une nouvelle épouſe a-t-elle laiſſé ſon mari ſuivre dans les dons qu'il lui a faits les diſpoſitions de l'Edit des fecondes noces, elles la défendront contre tous les adverfaires, elles lui affurent l'effet plein & entier de toutes fes conventions.

Un Auteur a-t-il refpecté dans fes ouvrages la Religion, le Gouvernement & les Mœurs? a-t-il offert à la cenfure fes écrits? n'a-t-il enfin négligé aucune des formalités prefcrites par le Miniftere? Elles accueillent fes productions; elles en encouragent la publicité, & fondent ainfi fa gloire & fon intérêt, en même-tems qu'elles concourent à l'inftruction ou à l'amufement de fes Lecteurs.

C'eft-là le but de toutes les Loix; & où cela n'eft point ainfi, il n'y a point de gouvernement, il n'y a qu'anarchie ou tyrannie.

Or, quel eft celui qui feroit affez calomnieufement téméraire, pour prétendre que la France n'eft pas un des pays où les maximes que nous venons d'expofer font dans la plus grande vigueur?

On y fait qu'un Ecrivain qui après avoir paffé fa vie à refléchir, à étudier, s'occupe à faire part au Public de fes méditations, fouvent vit de fa plume, comme le Jardinier de fon hoyau, fi l'on peut comparer ces deux individus fi peu comparables. S'eft-on jamais avifé de défendre à un Jardinier de cultiver le jardin qui lui appartient, ou de le priver de la propriété des légumes que fes peines y ont fait croître?

La profeffion d'Auteur eft eftimée, honorée parmi nous; & la propriété d'un Auteur, fur les fruits de son travail, n'y est pas moins sacrée que toutes les autres. Elle le seroit davantage, s'il y avoit en pareil cas des exceptions.

A qui donc le sieur de Méricourt persuadera-t-il que le *Prospectus* de son Journal approuvé par M. le Lieutenant-Général de Police, le Privilege accordé par M. le Garde des Sceaux, les Cahiers visés par un Censeur, il éprouve des difficultés pour continuer à s'acquitter envers ses Abonnés ? Quoi ! Ceux-ci se trouveroient pris à un piége qui leur auroit été tendu par le Ministere ; & pendant qu'on les voleroit d'un côté, on le dépouilleroit lui du droit qu'il a, sous la protection des Loix ? Cela n'est pas possible, & l'on ne se joue point avec cette legereté de l'argent du Public & de l'état d'un Particulier.

D'ailleurs, les Privileges ne regardent pas précisément les Auteurs. C'est l'affaire des Libraires.

Dans le commencement de l'Imprimerie on n'en donnoit pas ; mais quand un Imprimeur eut multiplié à un certain point les copies d'un ouvrage qu'on crut utile, il représenta qu'il n'étoit pas juste qu'un étranger vint traverser le débit des siennes en en faisant de nouvelles, & l'on eut égard à ses représentations. On lui assura donc le droit exclusif de débiter celles qu'il avoit faites pendant un certain nombre d'années. Car après l'expiration du terme, le type devenoit commun, imprimoit ou copioit qui vouloit. C'eſt ce que prouve ſur-tout un Arrêt rendu entre les héritiers Giunti & le Libraire Thyngui de Lyon le 7 Décemb. 1579, qui ſe diſputoient un frontiſpice & des privileges. *Quant aux Privileges*, prononce l'Arrêt, *oui le Procureur-Général crdonne qu'on n'y aura aucun égard, ſinon qu'ès livres qui n'ont encore été imprimés par cy-devant, & pour le regard des autres jà imprimés qu'ils ſeront imprimés par tous les Imprimeurs qui les pourront & voudront imprimer en pleine liberté..*

On voit par-là qu'un privilege eſt une ſorte de propriété à tems accordée à un Marchand pour le garantir des pertes auſquelles il ſeroit expoſé par une concurrence dangereuſe, & lui aſſurer quelque bénéfice ſur ſon entrepriſe. D'abord les privileges émanerent tour-à-tour, enſuite concurremment du Roi, du Parlement & du Prévôt de Paris. Aujourd'hui, & depuis Charles IX, ils ſont expédiés à la Chancellerie. Quand on les accorde une fois, il faut néceſſairement qu'ils aient leur effet. Sinon, les choſes changeant de nature, le rond deviendroit quarré ; c'eſt-à-dire, que la Loi faite pour prévenir la ruine d'un Privilégié la conſommeroit elle-même.

Quant aux Auteurs, un Privilége ne peut les concerner qu'indirectement, puiſque le talent
d'écrire

d'écrire étant une faculté naturelle ne sauroit se concéder. Néanmoins, lorsque le Gouvernement avoue un Ecrivain, & que le Public accueille ses efforts dans un genre, ce genre dans lequel il se circonscrit, est en quelque sorte un bien, une possession dans laquelle, tant qu'il remplit les conditions de son titre, il ne peut absolument être troublé. C'est une portion de terre cédée moyennant une redevance quelconque; la redevance acquittée, une jouissance tranquille est assurée au Concessionnaire.

C'est par dérision sans doute, que le sieur de Méricourt nous parle d'un sieur Prévôt d'Exmes, dont il a acheté le Privilege qu'il a payé. S'il est payé, que demanderoit le sieur Prévôt? S'il n'est pas payé, où est le Jugement qui dépouille le sieur de Méricourt du droit de faire le Journal dont il étoit en possession?

Revenons: Obstacles, tracasseries attribués au Censeur; privation, extorsion de Privilege pour se disculper du retard des Feuilles; pauvres excuses, chimères absurdes!

La troisieme question, qui consiste à savoir si le sieur de Mericourt, peut se substituer quelqu'un, ne mérite qu'un mot de réponse. C'est sur son nom, qu'on a souscrit, c'est sur un Ouvrage redigé par lui, qu'on a compté. Il faut donc qu'il fournisse lui-même sa cariere. Il a été malade, & l'on n'a rien dit, on s'est contenté de le plaindre, en faisant des vœux pour sa fanté, vœux, qui avoient auffi pour objet la continuation de fon Journal.

Le curieux qui veut un tableau de Teniers, n'en veut pas en place un de Mignard. Les Soufcripteurs font accoutumés à la maniere du fieur de Mericourt. Celle d'un autre leur conviendroit moins. En un mot, c'eft lui, c'eft fon œuvre qu'ils ont payé, & c'eft fon œuvre qu'ils exigent.

CONCLUSION.

Le Confeil eftime, que tous les obftacles, tant exagérés par le fieur le Fuel, font auffi chimeriques, qu'ils font expofés avec malignité, & même avec un ton peu décent.

Quant à la marche à tenir, qu'on demande par la quatrieme queftion, elle eft fimple. Il faut affigner le fieur de Mericourt au Châtelet, à ce qu'il ait à faire parvenir la fuite de fon Journal aux Abonnés. Il y déduira les motifs de fon refus, fur lefquels le Tribunal, fera intervenir, qui bon lui femblera, pour l'inftruction de fa Religion. Les Abonnés pourront même felon l'exigence des cas, demander la jonction des gens du Roi, pour requérir ce que de raifon.

Délibéré à Paris, ce 10 Février. 1777.

Me. *FALCONET*

Me. *PLAISANT DE LA HOUSSAYE*

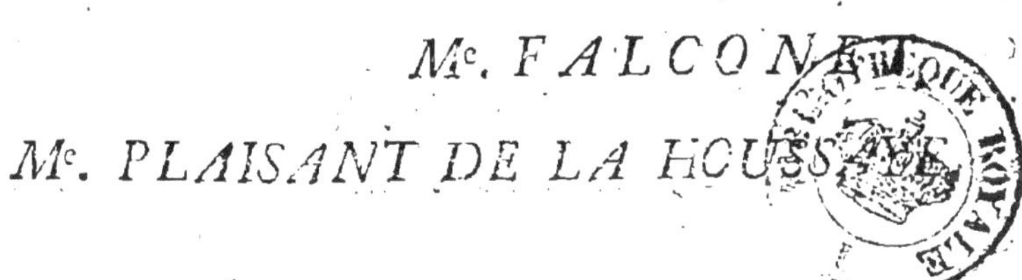